1

Geschmorte Birnen mit Vanilleeis und Karamellsplittern

ZUTATEN FÜR DEN EINKAUF

Rezept für 4 Personen

4 Birnen

3 EL Honig
20 g Butter
50 g Zucker

120 ml süßer Weißwein

200 ml Birnendicksaft
abgeriebene Schale von je 1 Orange und Zitrone

4 Kugeln Vanilleeis
Karamellsplitter aus dünn ausgerolltem Karamell

1

Geschmorte Birnen mit Vanilleeis und Karamellsplittern

ZUBEREITUNG

4 Birnen schälen, halbieren, entkernen und in Spalten schneiden.

3 EL Honig erhitzen, 20 g Butter und 50 g Zucker unterrühren und hellbraun werden lassen.

Die Birnenspalten hineingeben und darin glasieren.

120 ml Weißwein, 200 ml Birnendicksaft, die Schale von je 1 Orange und Zitrone zugeben und zugedeckt ca. 5 Minuten schmoren.

Die geschmorten Birnen mit je 1 Kugel Vanilleeis anrichten und mit Karamellsplittern garnieren.

2

Sacherwaffeln mit Kirschragout

ZUTATEN FÜR DEN EINKAUF

Rezept für 4 Personen

150 g Butter
150 g Zucker
3 Eier
1 TL Vanillezucker
1 Prise Salz

50 g Stärkemehl
90 g Mehl
20 g Kakaopulver
1 TL Backpulver
50 g Haselnüsse, fein gerieben
1 TL Zimt

2 cl Rum

200 g Kirschragout
Sahne
Minze
Puderzucker

2

Sacherwaffeln mit Kirschragout

ZUBEREITUNG

150 g Butter, 150 g Zucker, 3 Eier und 1 TL Vanillezucker mit 1 Prise Salz schaumig rühren.

50 g Stärkemehl, 90 g Mehl, 20 g Kakaopulver und 1 TL Backpulver sieben und mit 50 g feingeriebenen Haselnüssen sowie 1 TL Zimt mischen.

Die Butter-Zucker-Masse mit der Haselnussmasse vermengen und zum Schluss 2 cl Rum dazugeben.

70 g der Masse in ein Waffeleisen (Stufe 5) geben und ca. 1 Minute backen.

Gebackene Waffeln mit etwas Kirschragout anrichten und evtl. mit Minze, Schlagsahne und Puderzucker garnieren.

3

Grießknödel auf Orangenragout

ZUTATEN FÜR DEN EINKAUF

Rezept für 4–6 Personen

50 g Zucker
Saft von
5 Orangen
4 cl Grand Marnier
2 EL Grenadine
etwas Speisestärke
Filets von
4–6 Orangen

500 ml Milch
75 g Zucker
etwas abgeriebene
Zitronenschale
Mark von 1/2 Vanillestange
200 g Weizengrieß
150 g weiche Butter
2 Eier

100 g Butter
50 g Brösel
etwas abgeriebene
Orangen- und
Zitronenschale
etwas Puderzucker
etwas frische Minze

3 Grießknödel auf Orangenragout

ZUBEREITUNG

50 g Zucker goldgelb karamellisieren und mit dem Saft von 5 Orangen ablöschen. 4 cl Orangenlikör und 2 EL Grenadine beigeben und alles auf ca. die Hälfte einkochen lassen. Mit etwas angerührter Speisestärke abbinden, kalt werden lassen und die abgetropften Filets von 4–6 Orangen dazugeben.

500 ml Milch, 75 g Zucker, abgeriebene Zitronenschale und das Mark von 1/2 Vanillestange aufkochen. 200 g Grieß einrieseln lassen und rösten, so dass sich ein weißer Belag am Boden bildet. 150 g Butter unter die noch heiße Masse rühren. Anschließend 2 Eier nach und nach einrühren. Die fertige Masse für 2 Stunden in den Kühlschrank stellen.

Aus der kalten Masse kleine Knödel formen und in etwas gezuckertem siedendem Wasser ca. 10 Minuten ziehen lassen.

100 g Butter schmelzen, 50 g Brösel einrühren und etwas abgeriebene Orangen- und Zitronenschale dazugeben. Mit etwas Puderzucker abschmecken. Darin die fertig gegarten Knödel wälzen.

Das Orangenragout in der Mitte des Tellers anrichten und darauf die Grießknödel geben. Mit frischer Minze und Puderzucker ausgarnieren.

4

Reis Trautmannsdorff

ZUTATEN FÜR DEN EINKAUF

Rezept für 4 Personen

30 g Rundkornreis (Milchreis)
125 ml Milch
20 g Zucker
etwas abgeriebene Zitronenschale
1 kl. Zimtstange
1 Msp Vanillemark
1 Prise Salz
40 ml Maraschinolikör

1 1/2 Blatt Gelatine, in kaltem Wasser eingeweicht

80 g Fruchtcocktail a. d. Dose
125 g Sahne

4

Reis Trautmannsdorff

ZUBEREITUNG

30 g Reis in kochendem Wasser ca. 5 Minuten blanchieren. Das Wasser wegschütten und 125 ml Milch und 1 Zimtstange, 1 Msp Vanillemark, 1 Prise Salz und etwas abgeriebene Zitronenschale zugeben. Den Reis auf kleiner Flamme zugedeckt weich garen. Dann 40 ml Maraschino unterrühren.

Wenn der Reis die gewünschte Konsistenz erreicht hat, vom Feuer nehmen, die Gewürze entfernen und 1 1/2 Blatt ausgedrückte Gelatine darin auflösen.

Nun den Reis kalt rühren und 80 g kleingeschnittenen Fruchtcocktail untermischen. Beginnt der Reis zu stocken, 125 g halb steif geschlagene Sahne unterheben und die Masse in Förmchen füllen. Diese für ca. 2 Stunden kühl stellen.

Die Reiscrème aus den Förmchen stürzen und z. B. mit glasierten Bananen und Ananasstückchen anrichten. Evtl. mit Schokospänen garnieren.

5 Schokoladen-Birnen-Tarte

ZUTATEN FÜR DEN EINKAUF

Rezept für 4 Personen

2 Eigelbe
50 g Marzipan
30 g dunkle Kuvertüre, geschmolzen

4 Eiweiß
50 g Zucker
10 g Kakaopulver

3 EL Zucker
2 EL Butter
6 reife Birnen, geschält, entkernt und in Spalten geschnitten
50 ml Weißwein

4 Kugeln Vanilleeis
etwas Schokoladensauce

5 Schokoladen-Birnen-Tarte

ZUBEREITUNG

2 Eigelbe mit 50 g Marzipan glatt rühren, 30 g Kuvertüre unterrühren.

4 Eiweiß mit 50 g Zucker steif schlagen. Die Hälfte davon unter die Eigelbmasse rühren. 10 g Kakaopulver unterrühren. Restlichen Eischnee unterheben. Die Masse auf ein mit Backpapier ausgelegtes Blech gießen, glatt streichen und im 180 °C heißen Ofen ca. 10 Minuten backen. Danach das Papier entfernen und Kreise mit ca. 12 cm Durchmesser ausstechen.

3 EL Zucker karamellisieren, 2 EL Butter und die Spalten von 6 Birnen zugeben und mit 50 ml Wein ablöschen. Die Birnen darin ca. 4 Minuten glasieren.

Anschließend rosettenartig auf die Schokoladenböden legen, mit etwas Schmorsaft beträufeln und mit je 1 Kugel Vanilleeis und etwas Schokoladensauce servieren.

6

Mit Nougat gefüllte Schokoladenkekse

ZUTATEN FÜR DEN EINKAUF

Rezept für ca. 20 Stück

75 g weiche Butter
75 g Marzipan-
rohmasse

Mark von 1 Vanille-
schote
5 g Kakao
85 g Mehl

150 g helles Nougat

6

Mit Nougat gefüllte Schokoladenkekse

ZUBEREITUNG

75 g Butter mit 75 g Marzipan glatt arbeiten.

Das Mark von 1 Vanilleschote, 5 g Kakao und 85 g Mehl mischen und mit der Marzipan-Butter-Masse zu einem glatten Teig verarbeiten.

Den Schokoladenmürbeteig mindestens 2 Stunden kalt stellen.

Den gekühlten Teig auf einer bemehlten Arbeitsfläche 2 mm dünn ausrollen und in kleine Quadrate schneiden.

Die Kekse auf ein mit Backpapier ausgelegtes Backblech legen und 15–20 Minuten bei 200 °C im vorgeheizten Backofen backen.

150 g Nougat mit einem Spachtel glatt arbeiten und in einen Spritzbeutel füllen.

Die fertig gebackenen Kekse umdrehen und auskühlen lassen. Die Hälfte gleichmäßig mit Nougat füllen und die anderen Hälften darauf setzen. Eventuell mit weißer Schokolade verzieren.

7 Geeister Mokka

ZUTATEN FÜR DEN EINKAUF

Rezept für ca. 10 Tassen

125 g Sahne
10 g Instant-Kaffee
25 g Kaffeebohnen

40 g Zucker
3 Eigelbe

2 Eiweiß
40 g Zucker
120 g Sahne

etwas geschlagene Sahne
Schokospäne

7

Geeister Mokka

ZUBEREITUNG

125 g Sahne, 10 g Instant-Kaffee und 25 g Kaffeebohnen aufkochen und 30 Minuten ziehen lassen, danach passieren.

40 g Zucker und 3 Eigelbe über einem heißen Wasserbad schaumig schlagen. Kaffee-Sahne unterrühren und zu dickflüssiger Konsistenz weiterschlagen. Anschließend auf Eis kalt rühren.

2 Eiweiß und 40 g Zucker steif schlagen und 120 g geschlagene Sahne unterheben.

Die Masse in Mokkatassen füllen und für ca. 3 Stunden ins Gefrierfach stellen.

Mit halb steif geschlagener Sahne und Schokospänen servieren.

8

Vanille-Halbgefrorenes mit flambierten Ananas

ZUTATEN FÜR DEN EINKAUF

Rezept für 4 Personen

3 Eigelbe
100 g Zucker

1 Päckchen Bourbon-vanillezucker
2 EL Grand Marnier
350 g Schlagsahne

1 Ananas
20 g Butter
60 g Zucker
60 ml Rum

Streifen von
1 Limonenschale (unbehandelt)
2 EL Grenadinesirup

8

Vanille-Halbgefrorenes mit flambierten Ananas

ZUBEREITUNG

Für das Parfait 3 Eigelbe mit 100 g Zucker über dem Wasserbad cremig aufschlagen. Die Schüssel vom Wasserbad nehmen und auf Eiswürfeln kalt rühren.

Die Crème mit 1 Päckchen Vanillezucker und 2 EL Grand Marnier abschmecken. 350 g Sahne halb steif schlagen und unter die Crème rühren.

Die Crème in Förmchen einfüllen, mit Klarsichtfolie abdecken und mindestens 4 Stunden ins Gefriergerät stellen.

Die Ananas schälen, der Länge nach halbieren und den Strunk herausschneiden. Die Ananas in ca. 5 mm dicke Scheiben schneiden.

20 g Butter zerlaufen lassen, 60 g Zucker darin schmelzen, die Ananasstücke beigeben und alles gut glasieren. Mit 60 ml Rum übergießen und das Ganze abflämmen.

Zum Schluss Limonenschalenstreifen und 2 EL Grenadinesirup dazugeben.

Zusammen mit dem Eisparfait servieren.

9

Weißweintörtchen mit Mango

ZUTATEN FÜR DEN EINKAUF

Rezept für 6 Personen

200 g Sahne
80 g Zucker
3 Blatt Gelatine, eingeweicht
4 Eigelbe
100 ml Weißwein

100 g geschlagene Sahne
Saft von 1/2 Zitrone

1 Paket Blätterteig
Puderzucker

2 Mangos

etwas Mangosauce (eventuell)
etwas Vanillesauce (eventuell)
Minze
Puderzucker

9 Weißweintörtchen mit Mango

ZUBEREITUNG

200 g Sahne mit 80 g Zucker aufkochen. 4 Eigelbe mit der Hälfte der Sahne glattrühren, zur restlichen Sahne geben und rühren, bis die Masse dickflüssig wird. Sofort vom Feuer nehmen. 3 Blatt eingeweichte Gelatine ausdrücken und mit 100 ml Weißwein zur Masse geben und darin auflösen. Durch ein Sieb passieren und kalt stellen.

Wenn die Crème zu stocken beginnt, 100 g geschlagene Sahne und den Saft von 1/2 Zitrone unterziehen und die Crème kalt stellen.

Den Blätterteig ca. 3 mm dick ausrollen, auf ein Blech legen, mit einer Gabel einstechen, mit einem Kuchengitter beschweren und 10–15 Minuten bei 220 °C ausbacken. Den Blätterteig erkalten lassen, Kreise von 8 cm ausstechen und mit Puderzucker bestreuen. Unter dem Backofengrill karamellisieren.

2 Mangos schälen, den Kern entfernen und in dünne Scheiben schneiden.

Beim Anrichten Blätterteigkreise auf die Mitte der Teller legen, die Crème mit einem Spritzbeutel (Lochtülle) darauf spritzen und die Mangoscheiben wie eine Blüte darauf setzen. Etwas Mangosauce rundherum gießen und nach Belieben mit Vanillesauce verzieren. Die Teller mit etwas Puderzucker und Minze dekorieren.

10 Eingelegte Kirschen mit Portweinsabayon

ZUTATEN FÜR DEN EINKAUF

Rezept für 4 Personen

400 g frische Kirschen

70 g Zucker
250 ml Rotwein

3 Zimtstangen
Mark von 1/2 Vanillestange
Schale von 1 Orange
250 ml Kirschsaft

1 EL Speisestärke, mit etwas kaltem Wasser angerührt

2 cl Cognac

250 ml Portwein
40 g Zucker
3 Eigelbe
abgeriebene Schale von 1/2 Orange

Joghurteis
Zimtpulver

10

Eingelegte Kirschen mit Portweinsabayon

ZUBEREITUNG

400 g Kirschen waschen und entsteinen.

70 g Zucker in einem Topf karamellisieren und mit 250 ml Rotwein ablöschen. Das Ganze auf die Hälfte einkochen lassen.

3 Zimtstangen, das Mark von 1/2 Vanilleschote und die Schale von 1 Orange zugeben und 250 ml Kirschsaft zugießen.

Die Sauce mit 1 EL angerührter Stärke abbinden und nochmals gut durchkochen lassen. Kurz abkühlen lassen und durch ein Sieb auf die frischen Kirschen gießen.

Mit 2 cl Cognac abschmecken.

250 ml Portwein aufkochen und auf die Hälfte reduzieren lassen, auskühlen.

Den Portwein mit 40 g Zucker, 3 Eigelben und der abgeriebenen Schale von 1/2 Orange über einem heißen Wasserbad schaumig aufschlagen.

Eingelegte Kirschen mit Sabayon und je 1 Nocke Joghurteis mit Zimt bestäubt servieren.

11

Spagatkrapfen

ZUTATEN FÜR DEN EINKAUF

Rezept für ca. 40 Stück

250 g Mehl
30 g Puderzucker
1 Ei
etwas abgeriebene Zitronenschale
1/2 TL Zimt
3 EL Weißwein
125 g weiche Butter
1 Prise Salz
etwas Mehl

ca. 1 kg Butterschmalz zum Frittieren

150 g Kristall- oder Puderzucker
1 EL Zimt

11 Spagatkrapfen

ZUBEREITUNG

250 g Mehl, 30 g Puderzucker, 1 Ei, etwas abgeriebene Zitronenschale, 1/2 TL Zimt, 3 EL Wein, 125 g Butter und 1 Prise Salz zu einem glatten Teig verkneten, mit Klarsichtfolie abdecken und mindestens 6 Stunden kühl stellen.

Den Teig auf einer mit Mehl bestäubten Arbeitsfläche 1–2 mm dünn ausrollen und mit einem Teigrädchen ca. 5 x 8 cm große Rechtecke ausradeln. Auf ein mit Mehl bestäubtes Blech legen und erneut kühl stellen.

1 kg Butterschmalz in einem Topf auf ca. 170 °C erhitzen.

Ein Teigstück auf die Spagatkrapfenform klemmen oder auf einen Holzstab legen und mit einem Bindfaden (Spagat) fixieren. Anschließend für ca. 3 Minuten im heißen Butterschmalz ausbacken. Auf ein mit einem Tuch ausgelegtes Blech geben. Die übrigen Krapfen Stück für Stück auf gleiche Weise herstellen.

150 g Zucker mit 1 EL Zimt vermischen und die Spagatkrapfen darin wälzen.

12

Auflauf von Berlinern mit Zwetschgen

ZUTATEN FÜR DEN EINKAUF

Rezept für 4 Personen

4 Berliner

12 Zwetschgen

50 g Zucker
3 EL Honig

100 ml Rotwein
1 TL Zimt
2 cl Zwetschgenschnaps

30 g Butter für die Form
30 g Zucker zum Ausstreuen

250 g Sahne
250 ml Milch
60 g Zucker
4 Eier
Mark von 1 Vanillestange

ca. 2 EL brauner Zucker
30 g Mandelblättchen

12 Auflauf von Berlinern mit Zwetschgen

ZUBEREITUNG

4 Berliner in gleichmäßig dicke Scheiben schneiden. 12 Zwetschgen halbieren und entsteinen.

50 g Zucker in einem Topf mit 3 EL Honig aufkochen und karamellisieren lassen. Mit 100 ml Rotwein ablöschen, 1 TL Zimt dazugeben und kräftig einkochen lassen. Darin die Zwetschgen kurz glasieren. Zum Schluss 2 cl Zwetschgenschnaps beigeben.

Eine Auflaufform gut ausbuttern, mit Zucker ausstreuen. Die Berlinerscheiben und halbierten Zwetschgen immer abwechselnd in die Auflaufform schichten.

250 g Sahne und 250 ml Milch, 60 g Zucker und 4 Eier in einer Schüssel gut verrühren, Vanillemark zugeben. Die Masse über die eingeschichteten Berliner und Zwetschgen geben. Darüber 2 EL braunen Zucker und 30 g geröstete Mandelblättchen streuen. Im vorgeheizten Backofen bei 180 °C im Wasserbad ca. 15–25 Minuten goldbraun backen.

Dazu empfehle ich Ihnen als Beigabe Vanillesauce.

13 Lafers Mohrekopp

ZUTATEN FÜR DEN EINKAUF

Rezept für 8 Personen

1 Ei
50 g helles Nougat, geschmolzen
50 g weiße Kuvertüre, geschmolzen

1 Blatt Gelatine
etwas Rum

40 g Krokantbrösel
225 g Sahne

1 kl. Biskuitboden

200 g Sahne
40 g Butter
200 g Bitterkuvertüre

90 g Wasser
110 g Zucker
50 g Crème double

frische Früchte
Vanillesauce

13 Lafers Mohrekopp

ZUBEREITUNG

1 Ei über dem Wasserbad schaumig schlagen. Je 50 g Nougat und Kuvertüre unter die Eimasse geben und gut verrühren. 1 Blatt eingeweichte, ausgedrückte Gelatine in etwas erwärmtem Rum auflösen und darunter rühren. 40 g Krokantbrösel mit 225 g geschlagener Sahne vorsichtig unter die abgekühlte Masse heben.

Die Crème in Kuppelförmchen füllen. Im gleichen Durchmesser kleine Biskuitböden ausstechen und damit abdecken. Für ca. 2 Stunden kühl stellen. Nach dem Abkühlen auf ein Gitter stürzen.

200 g Sahne aufkochen und 40 g Butter und 200 g klein geschnittene Bitterkuvertüre darin auflösen.

90 g Wasser und 110 g Zucker aufkochen, 50 g Crème double dazugeben, nochmals aufkochen lassen und leicht abkühlen, mit der Schokoladensahne verrühren.

Die Überzugmasse über die Crèmekuppeln gießen und im Kühlschrank fest werden lassen. Zum Servieren mit Früchten und Vanillesauce ausgarnieren.

14

Biskuitrolle mit Himbeer-Sahne-Crème

ZUTATEN FÜR DEN EINKAUF

Rezept für ca. 8 Stück

3 Eigelbe
60 g Zucker
3 Eiweiß
20 g Mehl
20 g Speisestärke
50 g flüssige Butter

200 g Himbeeren
50 g Puderzucker
2 Blatt Gelatine
1 cl Himbeergeist

125 g Sahne
50 g frische Himbeeren

14 Biskuitrolle mit Himbeer-Sahne-Crème

ZUBEREITUNG

3 Eigelbe mit 2 EL Zucker schaumig schlagen. 3 Eiweiß mit restlichem Zucker steif schlagen, ein Drittel davon unter die Eigelbmasse heben. Je 20 g Mehl und Stärke unterrühren. Restlichen Eischnee und 50 g flüssige Butter ebenfalls unterrühren. Die Masse auf ein mit Backpapier ausgelegtes Blech gießen, glatt streichen und im 200 °C heißen Ofen ca. 7 Minuten backen.

Anschließend auf ein mit Puderzucker bestäubtes Tuch stürzen, Papier entfernen und zu einer Rolle formen, auskühlen lassen.

200 g Himbeeren mit 50 g Puderzucker pürieren, anschließend durch ein Sieb streichen. 2 Blatt Gelatine in kaltem Wasser einweichen, ausdrücken und in 1 cl warmem Himbeergeist auflösen. Unter das Himbeermark rühren.

125 g geschlagene Sahne und 50 g Himbeeren vorsichtig unterheben. Biskuitrolle mit der Himbeersahne füllen und 1 Stunde kühl stellen.

15

Crème brûlée mit marinierten Erdbeeren

ZUTATEN FÜR DEN EINKAUF

Rezept für 4 Personen

6 Eigelbe
110 g Zucker

1 Vanilleschote
200 ml Milch
500 g Sahne

50 g brauner Zucker

200 g Erdbeeren, geputzt
2 EL Puderzucker
2 cl Grand Marnier

15

Crème brûlée mit marinierten Erdbeeren

ZUBEREITUNG

6 Eigelbe und 110 g Zucker in einem Schlagkessel verrühren.

1 Vanilleschote, 200 ml Milch und 500 g Sahne einmal aufkochen, mit den Eigelben verrühren und über einem heißen Wasserbad solange abrühren, bis die Masse eine leichte Bindung bekommt. Anschließend durch ein Sieb passieren. In tiefen Suppentellern bei 120 °C (trockener Hitze) im Backofen ca. 30 Minuten garen.

Die ausgekühlte Crème mit 50 g braunem Zucker bestreuen und unter dem Backofengrill oder mit einem Bunsenbrenner bei 250 °C gratinieren.

200 g Erdbeeren in Stücke schneiden, mit 2 EL Puderzucker und 2 cl Grand Marnier marinieren und zu der Crème servieren.

16

Waldmeistercrème mit Rhabarberkompott

ZUTATEN FÜR DEN EINKAUF

Rezept für 4 Personen

2 Eigelbe
90 g Puderzucker
250 ml Milch
4 Blatt Gelatine
200 g Sahne
4 EL Waldmeistersirup
40 g Waldmeister, gehackt

ca. 400 g frisches Rhabarberkompott

16

Waldmeistercrème mit Rhabarberkompott

ZUBEREITUNG

2 Eigelbe mit 90 g Puderzucker und 250 ml Milch über einem heißen Wasserbad schaumig aufschlagen. 4 Blatt in kaltem Wasser eingeweichte Gelatine ausdrücken und in der warmen Eiermilch auflösen. Auf Eis kalt rühren.

Bevor die Crème zu gelieren beginnt, 200 g geschlagene Sahne, 4 EL Waldmeistersirup und 40 g gehackten Waldmeister unterheben.

Die Crème in Förmchen füllen und für ca. 4 Stunden in den Kühlschrank stellen. Anschließend stürzen und zusammen mit einem Rhabarberkompott und etwas frischem Waldmeister anrichten.

17

Johanns Linzertorte

ZUTATEN FÜR DEN EINKAUF

Rezept für 8 Stück

200 g weiche Butter
100 g Puderzucker
1 Msp Zimt
1 Ei
100 g Haselnüsse, gemahlen und geröstet

200 g Mehl

150 g Kirschmarmelade

60 g Haselnüsse, grob zerhackt

17

Johanns Linzertorte

ZUBEREITUNG

200 g Butter, 100 g Zucker und 1 Msp Zimt schaumig schlagen. Dann das Ei, danach 100 g gemahlene Haselnüsse und 200 g Mehl unterkneten.

Zwei Drittel des Teiges in eine ausgefettete Springform (18 cm Durchmesser) geben und glatt streichen. 150 g Marmelade darauf verteilen.

Restlichen Teig in einen Spritzbeutel mit kleiner Lochtülle (ca. 1/2 cm Durchmesser) geben und damit ein Gitter auf die Marmelade spritzen. Mit 60 g gehackten Haselnüssen bestreuen und im 180 °C heißen Backofen ca. 45 Minuten backen.

Fertige Torte eventuell mit Puderzucker bestäuben.

18

Feigen in Cassis mit Vanilleeis und weißem Zimtsabayon

ZUTATEN FÜR DEN EINKAUF

Rezept für 4 Personen

150 g Zucker
600 ml schwarzer Johannisbeersaft

2 Gewürznelken
1 Zimtstange
Saft und Schale von 1 unbehandelten Orange

8 Feigen
120 ml Milch
Mark von 1 Vanillestange
1 Zimtstange

4 Eigelbe
80 g Zucker
1 Msp Zimt

4 Kugeln Vanilleeis

18 Feigen in Cassis mit Vanilleeis und weißem Zimtsabayon

ZUBEREITUNG

150 g Zucker in einem Topf karamellisieren, mit 600 ml Johannisbeersaft ablöschen. 2 Nelken, 1 Stange Zimt, Saft und Schale von 1 Orange beigeben und auf drei Viertel reduzieren.

8 geschälte Feigen in die Flüssigkeit geben, einmal aufwallen lassen und vom Feuer nehmen. Ca. 4 Stunden in der Flüssigkeit ziehen lassen.

120 ml Milch mit dem Mark von 1 Vanillestange und 1 Zimtstange aufkochen. Vom Feuer nehmen, mit Alufolie abdecken und so lange ziehen lassen, bis die Milch abgekühlt ist. Durch ein großes Sieb passieren.

4 Eigelbe, 80 g Zucker und 1 Msp Zimt beigeben und über dem Wasserbad schaumig schlagen, bis eine cremige Konsistenz entsteht.

Cassis-Feigen mit Zimtsabayon und je 1 Kugel Vanilleeis servieren.

19 Marmorgugelhupf

ZUTATEN FÜR DEN EINKAUF

200 g Butter
100 g Puderzucker
4 Eigelbe

4 Eiweiß
100 g Kristallzucker

200 g Mehl
1 Päckchen Backpulver

20 g Kakao

19 Marmorgugelhupf

ZUBEREITUNG

200 g Butter mit 100 g Puderzucker schaumig rühren. 4 Eigelbe nach und nach unterrühren.

4 Eiweiß zu Schnee schlagen und mit 100 g Kristallzucker gut ausschlagen.

Beide Massen vorsichtig mischen und 200 g Mehl und 1 Päckchen Backpulver unterheben.

Ein Drittel der Masse mit 20 g Kakao einfärben und kleine Mengen von heller und dunkler Masse abwechselnd in eine gefettete, mit Mehl bestäubte Gugelhupfform füllen. Im 180 °C heißen Ofen ca. 30–40 Minuten backen.

Nach dem Backen auf ein Gitter stürzen und abgekühlt mit Puderzucker bestäuben.

20 Geeistes Melonensüppchen mit Himbeeren

ZUTATEN FÜR DEN EINKAUF

Rezept für 4 Personen

4 Honigmelonen

150 ml Riesling
3 TL Honig
2 Päckchen Vanille-zucker

10 Eiswürfel
2 EL Grand Marnier

100 g Himbeeren
50 g Himbeermark
frische Minze

200 g Zitronensorbet

20 Geeistes Melonensüppchen mit Himbeeren

ZUBEREITUNG

4 Melonen im oberen Drittel zickzackförmig einschneiden. Deckel abheben, Kerne entfernen. Fruchtfleisch herauslösen, würfeln und in einen Mixbecher geben.

150 ml Riesling, 3 TL Honig, 2 Päckchen Vanillezucker, 10 Eiswürfel und 2 EL Grand Marnier zufügen und gut durchmixen.

Suppe in die ausgehöhlten Melonen füllen, mit 100 g Himbeeren, 50 g Himbeermark, Minze und Zitronensorbet servieren.

21 Krokantstrudelblätter mit Vanillecrème und gemischten Beeren

ZUTATEN FÜR DEN EINKAUF

Rezept für 4 Personen

1 gr. Stück Strudelteig (TK-Ware)

80 g Puderzucker

100 g Sahne
Mark von 1 Vanillestange
40 g Zucker
4 Eigelbe
2 Blatt Gelatine
100 g Sahne

150 g gemischte Beeren (z. B. Himbeeren, Brombeeren, Erdbeeren), mariniert mit Grand Marnier
frische Minze
Puderzucker

21 Krokantstrudelblätter mit Vanillecrème und gemischten Beeren

ZUBEREITUNG

Den Backofen auf 220 °C vorheizen.

Den Strudelteig auslegen und 12 Kreise von 8 cm Durchmesser ausstechen. Diese auf Backpapier bei 180 °C im Ofen in ca. 10 Minuten goldbraun backen und abkühlen lassen. Den Ofengrill vorheizen.

Teigblätter dick mit 80 g Puderzucker bestreuen und unter dem Grill goldgelb karamellisieren lassen.

100 g Sahne, Vanillemark und 40 g Zucker aufkochen. 4 Eigelbe unterrühren und die Crème zu dickflüssiger Konsistenz rühren. Dann durch ein Sieb passieren. 2 Blatt in kaltem Wasser eingeweichte und gut ausgedrückte Gelatine in die warme Crème rühren und darin auflösen. Auf Eis kalt rühren und 100 g geschlagene Sahne unterheben.

Die Crème mit 150 g marinierten Beeren zwischen den Krokantstrudelblättern anrichten und mit Minze garniert und Puderzucker bestäubt servieren.

22 Soufflierte lauwarme Limonentarte

ZUTATEN FÜR DEN EINKAUF

Rezept für 12–16 Stück

120 g Speisestärke
200 g Mehl
150 g Butter
1 Ei
1 Eigelb
1/2 TL Backpulver
120 g Puderzucker
1/2 TL Salz
Mehl zum Bearbeiten

Fett für die Form
Backpapier

60 g Zucker
80 g Mehl
1 Päckchen Vanillezucker
80 ml Milch
4 Eigelbe
500 g Magerquark
40 ml Limonensirup
abgeriebene Schale von 2 Limonen (unbehandelt)

4 Eiweiß
60 g Zucker
180 g Sahne
Puderzucker zum Bestäuben

22 Soufflierte lauwarme Limonentarte

ZUBEREITUNG

120 g Stärke, 200 g Mehl, 150 g kalte Butter, 1 Ei, 1 Eigelb, 1/2 TL Backpulver, 120 g Puderzucker, 1/2 TL Salz zu einem glatten Teig verkneten. Den Teig abgedeckt etwa 2 Stunden kühl stellen.

Den Mürbeteig etwa 3 mm dick ausrollen. Eine Springform (28 cm Durchmesser) ausfetten. Den Boden mit Backpapier auslegen. Den Teig in die Form geben und am Rand bis zur Hälfte der Höhe andrücken.

Für die Füllung 60 g Zucker, 80 g Mehl, 1 Päckchen Vanillezucker und 80 ml Milch zu einer zähflüssigen Masse verrühren. 4 Eigelbe, 500 g Quark, 40 ml Limonensirup und abgeriebene Schale von 2 Limonen zufügen und unterrühren.

4 Eiweiß und 60 g Zucker steif schlagen. 180 g geschlagene Sahne und den Eischnee mit einem Schneebesen unter die Füllung heben. Die Füllung in die Form gießen und die Torte im 170 °C heißen Ofen etwa 45 Minuten backen.

Die fertige Torte kurz abkühlen lassen, dann aus der Form nehmen. Vor dem Servieren mit gesiebtem Puderzucker bestäuben.

23

Topfenschmarrn

ZUTATEN FÜR DEN EINKAUF

Rezept für 4–6 Personen

2 Eigelbe
2 Eier
120 g Zucker
Mark von 1 Vanilleschote
etwas abgeriebene Zitronenschale
140 g Topfen (Quark 20% Fett)
20 ml Rum

4 Eiweiß
20 g Zucker
90 g Mehl

20 g Butter

1–2 EL Zucker
20 g Butter

100 g Puderzucker
Preiselbeeren, kalt gerührt, aus dem Glas

23 Topfenschmarrn

ZUBEREITUNG

2 Eigelbe, 2 Eier und 120 g Zucker kurz aufschlagen. Vanillemark und etwas Zitronenschale beigeben. Weiterschlagen, bis die Masse schön schaumig ist. 140 g Quark und 20 ml Rum untermengen.

4 Eiweiß steif schlagen. Dabei 20 g Zucker langsam einrieseln lassen. Abwechselnd mit 90 g Mehl unter die Topfenmasse heben.

Die Masse je zur Hälfte in zwei gebutterte und gut temperierte Pfannen geben, in 20 g aufgeschäumter Butter kurz anbacken und in den 220 °C heißen Ofen schieben. Nach ca. 5 Minuten den Schmarrn umdrehen und nochmals ca. 5 Minuten backen.

Den fertigen Schmarrn mit 2 Gabeln in kleine Stücke reißen und mit Zucker bestreuen. 20 g Butter zufügen und am Herd kurz karamellisieren lassen. Dabei durchschwenken.

Mit reichlich Puderzucker bestreuen und zusammen mit den Preiselbeeren servieren.

24

Beerenpizza

ZUTATEN FÜR DEN EINKAUF

Rezept für 4 Personen

200 g Mehl
50 g Haselnüsse, gemahlen
1/2 TL Salz
50 g brauner Zucker

10 g Hefe, zerbröckelt
100 ml Milch
50 g flüssige Butter
120 g Mascarpone
ca. 300 g frische, gemischte Beeren (Himbeeren, Brombeeren, Erdbeeren)
50 g brauner Zucker
150 g Mozzarella, grob zerteilt

24 Beerenpizza

ZUBEREITUNG

200 g Mehl, 50 g Haselnüsse, 1/2 TL Salz und 50 g Zucker vermischen.

Von 100 ml lauwarmer Milch etwas abnehmen und 10 g Hefe darin auflösen. Zusammen mit der restlichen Milch und 50 g Butter zum Mehl geben und zu einem geschmeidigen Teig kneten. Diesen zugedeckt an einem warmen Ort auf doppelte Größe aufgehen lassen.

Den Teig vierteln, zu flachen Fladen ausrollen und auf einem Blech liegend im 220 °C heißen Ofen ca. 5 Minuten vorbacken.

Die Böden mit 120 g Mascarpone bestreichen. 300 g Beeren gleichmäßig darauf verteilen, mit 50 g Zucker bestreuen und 150 g Mozzarella darüber verteilen.

Im Ofen nochmals in 5–8 Minuten fertig backen und lauwarm servieren.

25 Zitrusfrüchteragout mit Sahne-Kokos-Eis

ZUTATEN FÜR DEN EINKAUF

Rezept für 4 Personen

1 Grapefruit
2 Orangen
2 Mandarinen
1 Zitrone
1 Limone
8 Kumquats

80 g Zucker
100 ml Orangensaft

4 Kugeln Sahneeis
80 g Kokosraspel, geröstet

25

Zitrusfrüchteragout mit Sahne-Kokos-Eis

ZUBEREITUNG

Die Zitrusfrüchte schälen und filetieren, die Kumquats waschen, halbieren und entkernen.

80 g Zucker hellbraun karamellisieren, mit 100 ml Orangensaft ablöschen und sirupartig einkochen. Abgekühlt über die Früchte gießen und ca. 30 Minuten marinieren.

4 Kugeln Sahneeis in 80 g Kokosraspeln wälzen und auf dem Zitrusfrüchtesalat anrichten.

26

Aprikosentarte

ZUTATEN FÜR DEN EINKAUF

Rezept für 8 Personen

300 g TK-Blätterteig
3 Stück große Backoblaten

100 g Butter
150 g Semmelbrösel
30 g Zucker

Schale von 1 Orange
etwas Zimt

700 g Aprikosen

100 g Aprikosenmarmelade

Aprikosentarte

ZUBEREITUNG

Den Blätterteig in eine runde Form legen und mit einer Gabel anstechen, mit 3 großen Backoblaten auslegen.

100 g Butter langsam schmelzen und 150 g Semmelbrösel hineingeben. Das Ganze leicht abrösten, anschließend 30 g Zucker, die Schale von 1 Orange und etwas Zimt beigeben.

Nun die Semmelbröselmasse auf die Backoblaten gleichmäßig verteilen.

700 g Aprikosen waschen, halbieren, entkernen und dann auf die Tarte legen.

Die Aprikosentarte für ca. 25 Minuten bei 230 °C in den Backofen schieben.

Herausnehmen, mit 100 g aufgekochter Aprikosenmarmelade abglänzen.

Eventuell dazu eine Vanillesauce servieren.

27 Apfelstrudel

ZUTATEN FÜR DEN EINKAUF

Rezept für 8 Personen

500 g Äpfel
50 g Mandeln
1 ganze Zitrone (Saft)
100 g Zucker
40 ml Calvados
30 g Semmelbrösel
40 ml Rum
50 g Rosinen

ca. 250 g TK-Strudelteig
etwas flüssige Butter
30 g Semmelbrösel
Zucker

160 g flüssige Butter
etwas Puderzucker

27

Apfelstrudel

ZUBEREITUNG

500 g Äpfel schälen, vierteln, entkernen und in Scheiben schneiden. Äpfel, 50 g Mandeln, Saft von 1 Zitrone, 100 g Zucker, je 40 ml Calvados und Rum, 30 g Semmelbrösel und 50 g Rosinen vermischen und ziehen lassen.

Den Strudelteig auslegen, mit etwas flüssiger Butter bepinseln und mit 30 g Semmelbröseln und etwas Zucker bestreuen.

Die marinierten Äpfel in einem dicken Streifen auf eine Längsseite des Teiges geben. Dabei einen 5 cm breiten Rand freilassen.

Den Strudel rollen und die Enden gut zusammendrücken. Auf ein gut gefettetes Blech legen und mit 160 g flüssiger Butter bepinseln. Bei 200 °C ca. 20 Minuten backen.

Den Strudel einige Minuten auskühlen lassen, dann mit Puderzucker bestäubt servieren.

28

Erdbeeren mit Orangenparfait

ZUTATEN FÜR DEN EINKAUF

Rezept für 4 Personen

300 g Erdbeeren
1 Bund Minze

60 g Zucker
250 ml Orangensaft
1–2 EL Orangenschale, in feine Streifen geschnitten

40 ml Orangenlikör (Grand Marnier)

2 Eigelbe
50 g Zucker
Saft und abgeriebene Schale von 1 Orange (unbehandelt)
20 ml Orangenlikör
250 g Sahne

28 Erdbeeren mit Orangenparfait

ZUBEREITUNG

300 g Erdbeeren waschen, putzen und halbieren. Eine Hälfte der Minze in Streifen schneiden, die andere in Blättchen zerpflücken.

60 g Zucker goldbraun schmelzen. 250 ml Orangensaft dazugießen. 1–2 EL Orangenschale hineinrühren. Den Orangenkaramell etwas einkochen und dann abkühlen lassen.

Die Erdbeeren mit dem Orangenkaramell und 40 ml Orangenlikör übergießen und die Minzstreifen untermischen. Die Erdbeeren 10 Minuten marinieren.

Für das Parfait 2 Eigelbe mit 50 g Zucker, dem Saft und der Schale von 1 Orange und 20 ml Orangenlikör über dem heißen Wasserbad cremig aufschlagen. Die Crème abkühlen lassen. 250 g geschlagene Sahne unterheben.

Die Masse in eine Form füllen und für ca. 5 Stunden in das Gefriergerät stellen. Anschließend das Parfait aus der Form stürzen, in Scheiben schneiden und zusammen mit den marinierten Erdbeeren und Minzblättchen anrichten.

29

Früchtekuchen mit Mandeln

ZUTATEN FÜR DEN EINKAUF

Rezept für 20 Stück

400 g Mehl

25 g frische Hefe
100 ml Milch
30 g Zucker

70 g Butter
2 Eier
1/2 TL Salz

170 g getrocknete Früchte, gemischt
Mehl zum Bearbeiten
Fett für das Blech

300 g Butter

100 g Zucker
1/2 TL Zimt
100 g Mandeln, gehobelt

29 Früchtekuchen mit Mandeln

ZUBEREITUNG

Für den Hefeteig 400 g Mehl in eine Schüssel sieben und in die Mitte eine Mulde drücken. 25 g Hefe in 100 ml lauwarmer Milch auflösen, 30 g Zucker dazugeben und in die Mehlmulde gießen. Die aufgelöste Hefe dünn mit Mehl besieben, die Schüssel mit einem Tuch abdecken und diesen Vorteig an einem warmen Ort gehen lassen. 70 g Butter schmelzen. Sobald die Oberfläche des Teiges Risse zeigt, 2 Eier, die Butter und 1/2 TL Salz beigeben und alles zu einem glatten Teig schlagen.

170 g getrocknete Früchte in kleine Würfel schneiden. Unter den Teig mischen und auf einer bemehlten Arbeitsfläche etwa 1 cm dick ausrollen. Auf ein gefettetes Backblech legen, mit einem Tuch abdecken und nochmals etwa 20 Minuten gehen lassen.

300 g Butter schaumig rühren. Mit einem Kochlöffelstiel in geringem Abstand Vertiefungen in den Teig drücken. Sie sollen bis auf das Blech reichen. Die Butter in einen Spritzbeutel füllen und kleine Tupfen in die Löcher spritzen.

100 g Zucker mit 1/2 TL Zimt mischen und über den Kuchen streuen. 100 g gehobelte Mandeln darüber verteilen. Den Kuchen im 200 °C heißen Ofen ca. 30 Minuten backen.

30 Zwetschgentascherl

ZUTATEN FÜR DEN EINKAUF

Rezept für 4 Personen

300 g Kartoffeln, mehlig kochend
1 Eigelb
50 g Kartoffelstärke
25 g flüssige Butter
1 Prise Salz

150 g Zwetschgen- oder Pflaumenmus
1 Eigelb, verquirlt

40 g Butter
25 g Zucker
1 TL Zimt
100 g Semmelbrösel

Fruchteiscreme nach Wahl

30 Zwetschgentascherl

ZUBEREITUNG

300 g Kartoffeln in Folie eingewickelt bei 170 °C etwa 1 Stunde im Ofen garen, danach schälen und durch eine Presse drücken. 1 Eigelb in das Püree einarbeiten. 50 g Stärke und 25 g Butter unter den Teig kneten und mit Salz würzen.

Den Kartoffelteig auf einer mit Mehl bestäubten Arbeitsfläche ca. 2 mm dünn ausrollen und Kreise mit ca. 8 cm Durchmesser ausstechen. 150 g Pflaumenmus auf die Kreise verteilen, Teigränder mit etwas Eigelb bestreichen und halbmondförmig zusammenklappen. Die Taschen in siedendem Salzwasser ca. 10 Minuten garziehen lassen.

40 g Butter aufschäumen lassen, 25 g Zucker und 1 TL Zimt dazugeben und 100 g Semmelbrösel unterrühren. Die abgetropften Tascherl in den Bröseln wenden und auf Tellern anrichten.

Dazu ein Eis Ihres Geschmacks servieren, z. B. ein Heidelbeereis.